Nach den seit 1.8.2006 verbindlichen Rechtschreibregeln.

Bibliografische Information der Deutschen Nationalbibliothek
Die Deutsche Nationalbibliothek verzeichnet diese Publikation
in der Deutschen Nationalbibliografie;
detaillierte bibliografische Daten sind im Internet
über http://dnb.ddb.de abrufbar.

Das Wort **Duden** ist für den Verlag
Bibliographisches Institut & F. A. Brockhaus AG
als Marke geschützt.

Alle Rechte vorbehalten.
Nachdruck, auch auszugsweise, verboten.
© Bibliographisches Institut & F. A. Brockhaus AG,
Mannheim 2008 D C B
Redaktionelle Leitung: Eva Günkinger
Lektorat: Sophia Marzolff
Fachberatung: Ulrike Holzwarth-Raether
Herstellung: Claudia Rönsch
Layout und Satz: Michelle Vollmer, Mainz
Illustration Lesedetektive: Barbara Scholz
Umschlaggestaltung: Mischa Acker
Printed in Malaysia
ISBN 978-3-411-70812-3

Herr von Blech geht zur Schule

Salah Naoura
mit Bildern von Michael Bayer

Dudenverlag
Mannheim · Leipzig · Wien · Zürich

Inhalt

1. Herr von Blech will klug sein   4
2. Herr von Blech als Dichter   17
3. Herr von Blech macht Sport   29
4. Herr von Blech hat ein Gefühl   37

1. Herr von Blech will klug sein

In Toms Zimmer stand ein kleines Haus. Früher einmal war dieses Haus Toms Kleiderschrank gewesen, aber seit Herr von Blech darin wohnte, hatte der alte Schrank sich sehr verändert:
In die beiden Türen hatte Toms Vater richtige kleine Fenster eingebaut, damit Herr von Blech herausgucken konnte. Und weil Toms Mutter fand, dass die Fenster viel zu kahl aussahen, hatte sie zwei winzige Blumenkästen mit Kresse davorgehängt.
Die goss Herr von Blech nun jeden Morgen nach dem Aufstehen mit einem alten Ölkännchen, das Tom in der Garage gefunden und gesäubert hatte.
Die Einrichtung bestand aus alten Puppenmöbeln, einem Geschenk von Toms Schwester Anna, und inzwischen gab es im Schrank sogar zwei kleine Lampen, damit Herr von

Blech sich vor dem Einschlafen noch eins von Toms Bilderbüchern ansehen konnte. Tom fand es wunderbar, abends in seinem Bett zu liegen und zu sehen, dass im Schrankhaus noch das Licht brannte. Und beim Einschlafen hörte er, wie Herrn von Blechs Weckerkopf gleichmäßig vor sich hin tickte, als wäre er eine alte Standuhr.

Herrn von Blech gefiel es bei Familie Meier, außer vormittags, denn dann war nur Oma Meier zu Hause. Oma Meier wohnte oben im ersten Stock und hatte zwar viel Zeit, aber mit ihr konnte man sich nicht so richtig unterhalten, weil in ihrem Zimmer dauernd der Fernseher lief.

An so einem langweiligen Vormittag saß Herr von Blech wieder einmal auf seinem Stuhl vor seinem Schrankhaus und surrte und tickte ärgerlich vor sich hin. Tom und Anna waren in der Schule, Herr und Frau Meier waren arbeiten.

Nur Herr von Blech hatte nichts zu tun.
Er übte ein bisschen Toastscheiben-Weitschießen.
Er goss die Kresse zum zweiten Mal.
Er fegte sogar die Brotkrümel zusammen, über die Frau Meier sich immer so ärgerte.
Herrn von Blechs Toasterbauch war an den Seiten nämlich nicht ganz dicht, deswegen rieselten bei jedem Schritt leider ein paar Krümel heraus.
Herr von Blech beschloss, Oma Meier zu besuchen, und kletterte die Treppe zum ersten Stock hinauf.
„Ach, wie nett, dass Sie vorbeischauen", sagte Oma Meier. „Gleich kommt die Hitparade der Volksmusik!"
„Kann ich mal was fragen?", sagte Herr von Blech.
„Natürlich."
„Warum geht man eigentlich zur Schule?"
„Damit man klug wird", sagte die Oma.

„Damit man versteht, was die kleinen schwarzen Dinger in den Bilderbüchern bedeuten."

„Ach, die bedeuten etwas?", fragte Herr von Blech verdutzt.

„Aber ja", sagte Oma Meier. „Lesen nennt man das. Und Lesen macht klug ... Oh, schauen Sie nur, Herr von Blech, das sind Lara und Lisi!" Oma Meier zeigte auf den Fernseher, in dem zwei blonde Frauen zu jodeln begannen.

Als Tom an diesem Nachmittag nach Hause kam und die Haustür aufschloss, saß Herr von Blech auf dem Läufer in der Diele und wartete schon auf ihn.

„Hallo, Tom", sagte er. „Ich brauche einen Schulranzen. Ab morgen gehe ich in die Schule."

1. Fall: Herrn von Blech gefällt es vormittags nicht bei Meiers, weil er 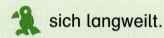 **sich langweilt.**

„Das geht nicht", sagte Tom. „Für Roboter gibt es keine Schulen."

Herr von Blech surrte ärgerlich mit seiner Zeigernase. „Ist mir egal", sagte er. „Dann gehe ich eben in deine!"

Herr von Blech mochte es ganz und gar nicht, wenn man ihm widersprach, das wusste Tom. Also bastelte er ihm schnell einen Schulranzen aus Buntpapier.

die Garage fegen muss.

die Kresse gießen muss.

Aber beim Aufstehen am nächsten Morgen machte er kein Licht und versuchte ganz leise zu sein, um Herrn von Blech bloß nicht zu wecken. Im Schrankhaus war noch alles dunkel, und der Papierschulranzen stand draußen vor der Tür, neben Herrn von Blechs Krümelbesen.
Auf Zehenspitzen schlich Tom sich aus dem Zimmer und fuhr zur Schule.

Toms Klassenlehrerin hieß Frau Schnatz und war ziemlich streng. Sie hatte kurze rote Locken und eine spitze Nase, auf der eine komische kleine Lesebrille saß. Die Brillengläser sahen wie zwei Halbmonde aus, unten rund und oben gerade.

„Schon zweimal zu spät!", sagte Frau Schnatz, als Tom hereinkam, und notierte es im Klassenbuch. Sie blickte über die Ränder ihrer Halbmonde zu ihm hinüber. „Wer dreimal zu spät kommt, fegt den Pausenhof! Holt eure Hefte raus."

Tom öffnete, klick-klack, seine Schultasche, und heraus sprang Herr von Blech und landete mit einem eleganten Salto auf dem Tisch.

„Huch!", rief Tom.

„Wow, cool!", sagte Timo, der neben Tom saß. „Wo gibts den denn?"

„Nirgends, der ist selbst gebaut."

Alle Kinder waren aufgesprungen und

drängelten sich um den Tisch von Tom und Timo, und Herr von Blech stolzierte von einem Tischende zum anderen und wieder zurück und ließ sich bewundern wie bei einer Modenschau.

„Wie süüüß!", sagte Clarissa mit den langen blonden Haaren. „Der ist ja suuuper!"

Tom freute sich, denn er fand Clarissa auch ziemlich super, obwohl sie ihm vor zwei Wochen gesagt hatte, er sei langweilig und doof. Seitdem hatte Tom sich die größte Mühe gegeben, ein bisschen weniger langweilig und doof zu sein – aber es hatte leider nichts genutzt.

„Kann er seine Schultasche auch absetzen?", fragte Clarissa.

Auf dem Rücken trug Herr von Blech einen Blechkasten, den Tom sofort wiedererkannte: Mamas Knäckebrotdose. An der Dose war mit Paketklebeband ein langer Schnürsenkel befestigt und die beiden Enden hatte

Herr von Blech sich um den Bauch geknotet.
Er klackerte kurz mit seinen Zangenarmen,
der Knoten löste sich und die Blechdose
landete scheppernd auf dem Tisch.
Alle klatschten, außer Frau Schnatz.
„Ich will ja nicht stören", dröhnte ihre tiefe
Stimme. „Aber darf man mal fragen, was
das ist?"
„Mein Roboter", sagte Tom.

„Guten Tag, Frau Lehrerin", schnarrte Herr von Blech und machte eine quietschende Verbeugung.
Frau Schnatz zog beide Augenbrauen hoch. „Guten Tag, Herr Roboter", sagte sie. „Wir sind hier in der Schule. Der Spielzeugladen ist eine Straße weiter!"
„Ich bin doch kein Spielzeug!", sagte Herr von Blech beleidigt. „Ich gehe zur Schule, ganz genau wie Tom."

„Nein, das tust du nicht", erwiderte Frau Schnatz. „Roboter gehen nicht zur Schule. Roboter sind dumm."
„STIMMT GAR NICHT!"
Frau Schnatz verdrehte genervt die Augen. „Kannst du denn schon die Uhr lesen?"
Herr von Blech hob den rechten Zangenarm und zeigte auf seinen Weckerkopf.
„Ach so, ja. Und kennst du denn die Farben?"
„Rot, Gelb, Grün, Blau, Blech."
„Hm. Und wie viel ist drei mal drei?"
„Neun!"
„Hm. Und hundert minus einundsiebzig?"
„Neunundzwanzig."
Frau Schnatz kniff die Augen zusammen und sagte ganz schnell: „Und fünf mal zwölf plus zehn minus acht geteilt durch zwei?"
„Einunddreißig."
Frau Schnatz rechnete zweimal nach, aber es stimmte.

„Gar nicht übel", sagte sie. „Das war gar nicht übel."

„Das war sogar ganz ausgezeichnet!", sagte Herr von Blech.

2. Fall: Welche Farben kennt Herr von Blech schon?

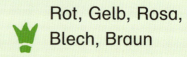

Rot, Gelb, Rosa, Blech, Braun

2. Herr von Blech als Dichter

Frau Schnatz schlug das Klassenbuch wieder auf und fragte nach Herrn von Blechs Vornamen. Aber Tom erklärte, dass Herr von Blech eben Herr von Blech hieß, und da sagte Frau Schnatz: „Von mir aus", und trug den Namen in die Schülerliste ein. „Sie können sich zu Alfons setzen, Herr von Blech, an den Tisch neben Tom. Und jetzt fangen wir an! Holt eure Hefte raus!"
Herr von Blech setzte sich auf seinen Platz. Aber das Einzige, was er sah, war das Ablagefach unter dem Tisch und der Kaugummi, der dort klebte.
Tom holte schnell einen Stapel Bücher für den Stuhl, damit Herr von Blech über den Tischrand gucken konnte.

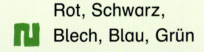 Rot, Schwarz, Blech, Blau, Grün

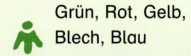 Grün, Rot, Gelb, Blech, Blau

Und Alfons sagte: „Machen Sie einfach alles nach, was ich mache."
„Okay", schnarrte Herr von Blech.
Alfons klappte seine Schultasche auf und holte sein Heft heraus.
Herr von Blech klappte seine Knäckebrotdose auf und holte ein Knäckebrot heraus.
Alfons lachte.
Herr von Blech lachte ebenfalls.
Tom flüsterte ärgerlich: „Ich hatte Ihnen doch einen schönen Schulranzen aus Papier gebastelt!"
„Den fand ich blöd", flüsterte Herr von Blech zurück.

„Also, heute machen wir ein Gedicht!", verkündete Frau Schnatz und schritt zur Tafel.
„Fertig!", brüllte Herr von Blech und hielt sein Knäckebrot hoch. Er hatte sich Toms schwarzen Filzstift geschnappt und blitzschnell zwei Punkte, darunter einen Strich und darunter einen Lachmund auf das Knäckebrot gemalt.
„Doch kein Gesicht", sagte Frau Schnatz. „Ein Gedicht. Es gibt sehr viele Roboter, die ausgezeichnet rechnen können. Aber können Roboter auch Gedichte schreiben?"
„Schreiben?", fragte Herr von Blech verwirrt. Frau Schnatz stöhnte. „Herr Blech, kommen Sie doch mal an die Tafel."

„Herr VON Blech!", sagte Herr von Blech,
denn das VON fand er sehr wichtig.
„Von, von mir aus", sagte Frau Schnatz.
„Laufen Sie bis zur Tafel oder soll ich Ihnen
ein Taxi bestellen?"
Herr von Blech sauste nach vorn, sprang mit
einem Riesensatz aufs Lehrerpult und vom
Lehrerpult direkt ins Schwammfach.
„Sehr sportlich, Herr von Blech. Und nun
schreiben Sie bitte Ihren schönen Namen."

Herr von Blech surrte und tickte und surrte und tickte und hörte gar nicht wieder auf.
Frau Schnatz nahm ein Stück Kreide und malte ein großes A an die Tafel. „Was ist das?"
„Ein Dach", antwortete Herr von Blech.
„Und in der Mitte ist der Dachboden. Aber der ist leer."
Frau Schnatz stöhnte zum zweiten Mal.
„Und das?" Sie malte ein O an die Tafel.
„Der Mond. Aber der kann auch SO aussehen." Herr von Blech malte einen Halbmond an die Tafel. „Genau wie die komischen kleinen Dinger unter Ihren Augen." Er zeigte auf die Brillengläser. Die Kinder kicherten.
„Das ist ein O", erklärte Frau Schnatz.
„Sagen Sie mal ein Wort mit O."
„Oh."
„Ein etwas längeres Wort!"
„Rooohrzange."
„Mit dem O ganz vorne, nicht mittendrin."

„Ohrzange."
Die Kinder lachten.
Frau Schnatz schrieb in großen Buchstaben HERR VON BLECH an die Tafel und sagte: „Das ist Ihr Name, Herr von Blech!"
Herr von Blech starrte verblüfft an die Tafel und seine Zeigernase begann sich vor Aufregung so schnell zu drehen wie ein Minipropeller. „Ausgezeichnet", sagte er schließlich. „Kann ich ihn mitnehmen? Überallhin?"
„Natürlich, das ist ja gerade der Trick", sagte Frau Schnatz. Sie schrieb seinen Namen mit schwarzem Filzstift auf ein Knäckebrot und gab es ihm.
„Ganz ausgezeichnet", sagte Herr von Blech und trug das Knäckebrot wie einen kostbaren Schatz zurück zum Tisch.
Frau Schnatz blickte ihm kopfschüttelnd hinterher.
„Und das mit dem Schreiben müssen Sie noch üben. Aber Tom kann Ihnen ja helfen.

Tom, du schreibst alles auf, was dein Roboter dichtet. Die Überschrift lautet: ÜBER MICH."

Tom war wütend auf Herrn von Blech. Schreiben fand er anstrengend und nun musste er auch noch für seinen Roboter arbeiten! Das war ganz anders als das, was Tom sonst so über Roboter wusste, nämlich dass Roboter den Menschen helfen und alle unangenehmen Aufgaben für sie erledigen – aber doch nicht umgekehrt!

Tom wollte gerade überlegen, was er über sich selber dichten könnte, da traf ihn eine kleine, harte Papierkugel am linken Ohr. Er versuchte, so zu tun, als ob er nichts gemerkt hätte, aber keine zwei Sekunden später traf ihn eine zweite Papierkugel am anderen Ohr!

„Hör auf!", sagte Tom und drehte sich um. Genau hinter ihm saß der lange Mario und grinste.

**3. Fall: Was stimmt?
Herr von Blech kann** lesen und 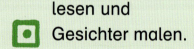 Gesichter malen.

Der lange Mario war länger und stärker
als alle anderen Kinder in Toms Klasse. Er
war so stark, dass er Tom und Timo in der
großen Pause mal verprügelt hatte, und
das, obwohl sie zu zweit gewesen waren!
Deswegen träumte Tom davon, eines Tages
stärker zu sein als der lange Mario und ihn
zu besiegen.
„Lustig, diese kleinen Papierkugeln!", sagte
Herr von Blech.
Mario fing an zu lachen, aber sein Lachen
klang kein bisschen lustig.
„Leihst du mir mal deinen Rasierbrummi?",
sagte Herr von Blech zu Alfons.
„Radiergummi heißt das. Aber Filzstift auf
Knäckebrot kann man nicht radieren."
„Egal."
Alfons gab ihm den Radiergummi.

 toll rechnen und nicht schreiben.

 nicht rechnen und nicht lesen.

Herr von Blech drehte sich zur anderen Seite. „Leihst du mir mal dein Radierdings, Tom?"

Tom gab ihm ebenfalls seinen Radiergummi, und Herr von Blech steckte beide Radiergummis in den Brotschlitz seines Toasters und drückte den Hebel herunter. Dann drehte er sich kurz zur Seite, es machte BOIIING, und die beiden Radiergummis flogen schnurgerade durch die Luft und trafen den langen Mario genau auf die Nase.

„Aaah!", rief der lange Mario und schlug erschrocken beide Hände vors Gesicht.

Frau Schnatz hob kurz den Kopf.

„Gesundheit", sagte sie.

Und Tom hatte plötzlich überhaupt nichts mehr dagegen, Herrn von Blechs Gedicht aufzuschreiben!

4. Fall: Tom übernimmt gerne die Schreibarbeit für Herrn von Blech, weil er sich für ihn verantwortlich fühlt.

Ein paar Minuten später waren alle fertig und Frau Schnatz nahm natürlich Tom dran, weil jeder wissen wollte, was er und Herr von Blech gedichtet hatten.

Toms Gedicht ging so:

„ÜBER MICH: Ich renn schneller als der Blitz und mag Schoko und Lakritz."

„Schön", sagte Frau Schnatz.

☀ weil es die Lehrerin vorgeschlagen hat.

 weil sich Herr von Blech für ihn eingesetzt hat.

Herrn von Blechs Gedicht ging so:
„ÜBER MICH: Mein Kopf ist ein Wecker und mein Bauch ist ein Toaster und der Toaster hat ein Kabel und am Kabel ist ein Stecker."
„Na ja", sagte Frau Schnatz. „Ein bisschen mehr Gefühl könnte nicht schaden. Als Hausaufgabe schreibt jeder noch ein zweites Gedicht. Und bitte mit viiiel Gefüüühl!"
„Gefühl?", fragte Herr von Blech. „Was ist denn das?"
„Das erklärt Ihnen Tom", sagte Frau Schnatz.

3. Herr von Blech macht Sport

In der Pause standen alle Schüler aus der Klasse um Tom und seinen Roboter herum. Nur der lange Mario ließ sich nicht blicken, und Tom gefiel es so langsam immer besser, dass Herr von Blech sich entschlossen hatte, auch zur Schule zu gehen.
Das Allerbeste war, dass Clarissa mit den langen blonden Haaren Tom auf einmal zu bewundern schien.
„Ich wusste ja gar nicht, was für ein toller Erfinder du bist!", schwärmte sie.
Bis jetzt hatte Clarissa immer nur einen toll gefunden, nämlich den langen Mario. Aber das hatte sich nun offenbar geändert.
„Also echt, der Mario ist totaaal langweilig und doof", sagte Clarissa.
„Und gemein!", ergänzte Tom.
„Totaaal gemein", sagte Clarissa und Tom freute sich.

Nach der Pause hatten sie Sport bei Herrn Bang. Herr Bang unterrichtete Kung-Fu und Karate. Sein Name klang zwar chinesisch, aber in Wirklichkeit kam er gar nicht aus China, sondern aus Bottrop, und sein Vorname war Helmut.

Allerdings hatte Herr Bang viele Jahre in China gelebt und konnte fantastisch kämpfen. Seine langen braunen Haare waren zu einem Zopf zusammengebunden und neben den Augen hatte er zwei schwarze Striche, damit sie ein bisschen chinesischer aussahen.

Tom fand es toll, Kung-Fu zu lernen. Vor allem wegen Marios Gemeinheiten. Das Blöde war bloß, dass der lange Mario natürlich auch Sport bei Herrn Bang hatte und ebenfalls Kung-Fu lernte!

Also blieb Tom nichts anderes übrig, als besser zu werden als der lange Mario. Deswegen hatte er sich das Kung-Fu-Buch aus der Schülerbücherei geholt und schon alle zehn Kapitel durchgelesen, obwohl Herr Bang gerade erst Kapitel eins und zwei mit ihnen durchgenommen hatte.

„Na, Tom, seit wann gehen Roboter denn zum Sportunterricht?", fragte Herr Bang, als er die Turnhalle betrat und Herrn von Blech entdeckte.

„Seit heute", antwortete Herr von Blech.

„Oha", sagte Herr Bang. „Er spricht sogar. Und kämpfen kann er bestimmt auch, was? Ein richtiger Kampfroboter, haha."

Herr Bang machte gerne Späßchen.

„Er hat den schwarzen Gürtel!", flüsterte Tom Herrn von Blech zu. Herr von Blech blickte Herrn Bang an. Herr Bang trug einen schwarzen Anzug und einen schwarzen Gürtel. Herr von Blech blickte die Kinder an. Die Kinder trugen weiße Anzüge und weiße Gürtel.
Herr von Blech blickte auf seinen glänzenden Toasterbauch hinunter.

„Ich will auch so einen schwarzen Gürtel!", sagte er.

„Haha", lachte Herr Bang. „Den kriegt man nur, wenn man Meister ist!"

„Meister?", fragte Herr von Blech. „Was ist denn das?"

„Einer, der alles kann", erklärte Herr Bang.

„Kann ich", sagte Herr von Blech, denn er hatte sich Toms Kung-Fu-Buch ganz genau angeguckt.

„Ach ja?", sagte Herr Bang. „Dann mach doch mal das hier." Er rief „HUA!", sprang senkrecht nach oben und ließ beide Hände blitzschnell durch die Luft sausen.

Herr von Blech brüllte „HUA-HUA!", hob ab wie eine Rakete, machte unter der Decke der Turnhalle einen Salto und ließ seine beiden Zangen so schnell klackern, dass sie sich anhörten wie zwei rasselnde Klapperschlangen.

Herr Bang runzelte die Stirn. Dann machte er zwei Saltos hintereinander und hieb mit der Handkante ein kleines Holzbrett mittendurch.

Herr von Blech machte sechs Saltos und drei Purzelbäume und dann hieb er mit seinem rechten Zangenarm lässig eine drei Meter lange Sitzbank in fünf gleich große Hocker.

Die Kinder klatschten.

Herr Bang hatte plötzlich winzig kleine Schweißperlen auf der Stirn. Er nahm Anlauf, rannte die Wand hinauf, machte einen doppelten Salto rückwärts und mitten im Flug griff er nach einem langen Holzstock und ließ ihn wie einen Propeller über seinem Kopf wirbeln.

Herr von Blech ließ seine Zeigernase surren und rannte die Wand hinauf und wieder hinunter. Dann sprang er auf Herrn Bang zu, schwang blitzschnell sein Toasterkabel mit

dem Stecker, und das Kabel wickelte sich –
HUI – um Herrn Bangs Stock, und Herr von
Blech zog ihm – WUPP – den Stock aus der
Hand!
Die Kinder brüllten: „HERR VON BLECH,
HERR VON BLECH!"
Herr Bang stand verdutzt da und starrte
auf seine leere Hand. Dann holte er eine
Schere, schnitt ein Stück von seinem
schwarzen Gürtel ab und band es Herrn
von Blech um den Bauch.
„Ausgezeichnet!", sagte Herr von Blech
zufrieden.

„HERR VON BLECH IST UNBESIEGBAR!",
brüllten die Kinder.

„Schon gut, beruhigt euch wieder", brummte Herr Bang ärgerlich. „Und jetzt fangen wir mit dem Zweikampf an. Jeder sucht sich einen Partner."

„Ich nehme den da!", rief Herr von Blech und zeigte auf den langen Mario.

Da wurde der lange Mario sehr blass im Gesicht, sah plötzlich ganz krank aus und verließ eilig die Turnhalle.

5. Fall: Was ist richtig?
Kung-Fu ist eine 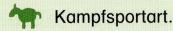 **Kampfsportart.**

4. Herr von Blech hat ein Gefühl

Als Tom und Herr von Blech nachmittags aus der Schule kamen, wirkte Frau Meier ein wenig zerstreut.

„Ich gehe seit heute zur Schule, genau wie Tom!", rief Herr von Blech. „Und außerdem bin ich jetzt Kung-Fu-Meister, DA!"
Und er zeigte ihr stolz seinen schwarzen Gürtel.

„Schön, Herr von Blech, sehr schön", sagte Frau Meier. „Tom, sag mal, hast du meine neue Knäckebrotdose gesehen? Sie ist einfach WEG!"

„Nö", log Tom und schielte zu Herrn von Blech hinüber, der gerade mit der Dose auf dem Rücken die Treppe hinaufhüpfte wie ein Känguru mit Rucksack.

🪱 Kraftsportart.   🙂 Turnsportart.

„Also, in diesem Haus verschwinden ständig Dinge …", murmelte Frau Meier ratlos und verschwand wieder in der Küche.

„Tom, was ist eigentlich ein Gedicht mit viel Gefühl?", fragte Herr von Blech wenig später, als die beiden an Toms Schreibtisch saßen, um ihre Hausaufgaben zu machen.
„Na ja", sagte Tom. „Viel Gefühl ist eben viel Gefühl, also Liebe und so was zum Beispiel."
„Liebe? Was ist denn das?", fragte Herr von Blech.
„Na ja …" Tom dachte einen Moment nach. „Liebe ist … Also, wenn ich die Clarissa wahnsinnig toll finde und die Clarissa mich wahnsinnig toll findet und alle anderen Jungen

6. Fall: Was stimmt?
Clarissa hält Tom für 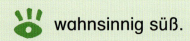 wahnsinnig süß.

in der Klasse ganz neidisch sind, weil die Clarissa mich so wahnsinnig toll findet. Verstehen Sie, was ich meine?"

„Nein", sagte Herr von Blech.

Tom hatte das Gefühl, dass es gar nicht so leicht sein würde, Herrn von Blech zu erklären, was ein Gefühl ist.

einen tollen Erfinder.

totaaal gemein.

„Wissen Sie was, Herr von Blech? Am besten, wir fragen meine Oma, die kennt sich mit Gefühlen aus."

Oma Meier freute sich, dass Tom und Herr von Blech bei ihr vorbeischauten.

„Ein Gedicht mit viel Gefühl?", sagte sie. „Schreibt doch was über den Sonnenuntergang", schlug sie vor. „Mein Erwin und ich, wir haben abends immer auf dem Krähenberg gesessen und zugeschaut, wie die Sonne unterging – das war vielleicht ein Gefühl! Unbeschreiblich, ganz unbeschreiblich!"

„Wenn es unbeschreiblich ist, kann man doch nix drüber schreiben!", sagte Tom.

„Ach, Unsinn", widersprach Oma Meier. „Sonnenuntergänge sind genau richtig. Schaut euch einen Sonnenuntergang an. Danach schreibt ihr ganz bestimmt ein Gedicht mit viel Gefühl."

Also setzten sich Tom und Herr von Blech nach dem Abendessen auf den Balkon, um zuzuschauen, wie die Sonne unterging. Der ganze Himmel färbte sich rot. Die Weiden färbten sich rot. Und kleine rote Wolken wehten über den Fluss dahin wie winzige Fetzen aus roter Zuckerwatte.

„Jaja, gar nicht so übel", sagte Herr von Blech nach einer Weile. „Ich glaube, ich kriege schon so ein Gefühl! So ein kleines, kleines Gefühl."

„Und ich kriege gerade ein großes", knurrte Tom.

„Tatsächlich? Was denn für eins?", fragte Herr von Blech neugierig.

„Ein blödes!"

„Oh", sagte Herr von Blech.
Sie blieben auf dem Balkon, bis es beinahe dunkel war. Dann gingen sie hinein und setzten sich wieder an Toms Schreibtisch. Tom fiel sofort ein Gedicht mit viel Gefühl ein, und das ging so:

Wann ich Sonne wirklich mag:
im Grunde immer nur am Tag!
Denn abends wird sie rosarot,
und diese Farbe ist mein Tod.

„Mir ist nämlich eingefallen, dass im Zimmer von meiner Schwester alles so aussieht wie bei Sonnenuntergang. Und ich HASSE rosarot!"

„Aha", sagte Herr von Blech. Und dann diktierte er Tom sein eigenes Gedicht mit viel Gefühl, und das ging so:

Wenn die Sonne untergeht,
ist es Abend und schon spät.
Dunkel wird es so ab acht,
und danach beginnt die Nacht.

„Ist da auch genug Gefühl dabei?", fragte Herr von Blech unsicher.

„Mja", sagte Tom. „Ich denke schon. Das reicht bestimmt. Aber jetzt müssen Sie dringend ins Bett, Herr von Blech, denn morgen früh ist ja schon wieder Schule!"

Tom packte seine Schultasche, zog seinen Schlafanzug an und putzte sich die Zähne und währenddessen dachte er die ganze Zeit über Herrn von Blechs Gedicht nach.

Er dachte Folgendes: „Eigentlich ist überhaupt kein Gefühl in Herrn von Blechs Gedicht. Nicht einmal ein klitzekleines. Und vielleicht lacht Frau Schnatz ihn deswegen ja aus."

Das hätte Tom sehr ungerecht gefunden. Schließlich war Herr von Blech ja ein Roboter und Roboter fühlen eben nicht so viel.

„Ich muss morgen früh unbedingt mit Frau Schnatz reden", dachte Tom, als er ins Bett ging. „Damit sie Herrn von Blech nicht auslacht."

Er schaute zum Schrankhaus hinüber.

Herr von Blech schien tatsächlich schon zu schlafen, denn in den beiden Fenstern brannte kein Licht mehr. Nur sein lautes Weckerticken war zu hören.
Tom fielen schon die Augen zu, da hörte er neben seinem Bett plötzlich ein vertrautes Quietschen, nämlich das Quietschen eines ungeölten Roboterarms.

Rasch knipste er die Taschenlampe an, die wie immer griffbereit neben seinem Kopfkissen lag.

Vor ihm stand Herr von Blech und tickte verlegen vor sich hin.

„Was ist denn los, Herr von Blech?", fragte Tom verschlafen.

„Ich glaube, ich habe ein Gefühl", jammerte Herr von Blech. „In meinem Kopf surrt es und schnarrt es und tickt es so laut, dass ich nicht schlafen kann. Könnte ich heute vielleicht bei dir übernachten?"

„Na klar", sagte Tom. „Kein Problem."

Er schlug die Bettdecke zurück und Herr von Blech kletterte hinein und kuschelte sich in seinen Arm.

„Sie krümeln, Herr von Blech."

„Oh, tut mir leid."

7. Fall: Bevor Tom einschläft, verspürt er 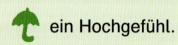 ein Hochgefühl.

„Macht doch nichts, ich krümel auch manchmal das Bett voll … Mit Schokoladenkeksen."
Dann sagten sie gar nichts mehr, und während Tom die Augen zum zweiten Mal zufielen, spürte er selber ganz deutlich ein Gefühl …
Ein ziemlich großes, glückliches.

 ein Supergefühl.   ein Glücksgefühl.

Was sagst du dazu?

Kannst du ein Gedicht mit viiiel Gefühl schreiben?

Schreibe es auf und schicke es uns!
Als Dankeschön verlosen wir unter den Einsendern zweimal jährlich tolle Buchpreise aus unserem aktuellen Programm!
Eine Auswahl der Einsendungen veröffentlichen wir außerdem auf unserer Homepage www.lesedetektive.de.

Bibliographisches Institut &
F. A. Brockhaus AG
Duden – Kinder- und
Jugendbuchredaktion
Kennwort: **Herr von Blech II**
Postfach 10 03 11
68003 Mannheim
E-Mail: lesedetektive@duden.de

Wenn du alle Fälle im Buch richtig gelöst hast, kannst du hier das Lösungswort eintragen:

__ I __ __ __ __ F __
1.   2. 3. 4. 5. 6.   7.

Duden-Lesedetektive: Leseförderung mit System

1. Klasse · 32 Seiten, gebunden
- Finn und Lili auf dem Bauernhof · ISBN 978-3-411-70782-9
- Nuri und die Ziegenfüße · ISBN 978-3-411-70785-0
- Eine unheimliche Nacht · ISBN 978-3-411-70788-1
- Franzi und das falsche Pferd · ISBN 978-3-411-70790-4
- Ein ganz besonderer Ferientag · ISBN 978-3-411-70795-9
- Das gefundene Geld · ISBN 978-3-411-70799-7
- Amelie lernt hexen · ISBN 978-3-411-70804-8
- Das Picknick im Wald · ISBN 978-3-411-70809-3
- Die Schildkröte im Klassenzimmer · ISBN 978-3-411-70814-7
- Ein Bär reißt aus · ISBN 978-3-411-70815-4

2. Klasse · 32 Seiten, gebunden
- Die Prinzessin im Supermarkt · ISBN 978-3-411-70786-7
- Auf der Suche nach dem verschwundenen Hund · ISBN 978-3-411-70783-6
- Emil und der neue Tacho · ISBN 978-3-411-70789-8
- Sarah und der Findekompass · ISBN 978-3-411-70792-8
- Ein bester Freund mal zwei · ISBN 978-3-411-70796-6
- Eine Sommernacht im Zelt · ISBN 978-3-411-70800-0
- Das Gespenst aus der Kiste · ISBN 978-3-411-70805-5
- Ein blinder Passagier · ISBN 978-3-411-70807-9
- Svenja will ein Junge sein · ISBN 978-3-411-70810-9
- Ein Tag auf dem Pferdehof · ISBN 978-3-411-70816-1
- Lilli und die Riesenkrake · ISBN 978-3-411-70817-8

3. Klasse · 48 Seiten, gebunden
- Anne und der geheimnisvolle Schlüssel · ISBN 978-3-411-70787-4
- Eins zu null für Leon · ISBN 978-3-411-70784-3
- Viktor und die Fußball-Dinos · ISBN 978-3-411-70793-5
- Nelly, die Piratentochter · ISBN 978-3-411-70797-3
- Herr von Blech zieht ein · ISBN 978-3-411-70802-4
- Prinz Winz aus dem All · ISBN 978-3-411-70806-2
- Herr von Blech geht zur Schule · ISBN 978-3-411-70812-3
- Nelly und der Piratenschatz · ISBN 978-3-411-70818-5

4. Klasse · 48 Seiten, gebunden
- Der Geist aus dem Würstchenglas · ISBN 978-3-411-70794-2
- Der schlechteste Ritter der Welt · ISBN 978-3-411-70798-0
- Kira und die Hexenschuhe · ISBN 978-3-411-70803-1
- Die Inselschüler – Gefahr im Watt · ISBN 978-3-411-70808-6
- Betreten verboten! · ISBN 978-3-411-70813-0
- Zwei Jungs und eine Zicke · ISBN 978-3-411-70819-2

Ihre Meinung ist uns wichtig! Wie gefällt Ihnen dieses Buch?
Wir freuen uns auf Ihre Rückmeldung unter **www.duden.de/meinung**

Gefunden!
Knote den Streifen einfach
an das Lesebändchen an
und fertig ist dein Geheimalphabet!
Neben jeder richtigen Antwort im Buch
steht ein Zeichen, das du im Alphabet
wiederfindest. Setze nun auf
der letzten Seite die Buchstaben
zum Lösungswort zusammen.